RECUEIL

DES

DÉPÊCHES TÉLÉGRAPHIQUES

DE L'ARMÉE D'AFRIQUE,

Et Détail des Victoires remportées sur les algériens,

Depuis le débarquement des troupes Françaises sur leur territoire, jusqu'à la Prise d'Alger.

DÉPÊCHE *du 13 au 14 Juin 1830.*

» La flotte a occupé le 13 la baie de Sidi-Ferruch ; le 14, l'armée a été débarquée en entier. Après quelques affaires assez vives avec la cavalerie Maure, l'armée s'est emparée des hauteurs en avant de la presqu'île. Le pavillon blanc a été arboré sur le fort et la tour.»

» Le quartier général est à Torretta-Chika ; l'armée va se porter en avant. »

DÉTAILS SUR CETTE AFFAIRE.

Le 13 au matin, la flotte défila devant Alger en ordre de bataille, et mouilla à 2 heures après midi en face de Torretta-Chika ; un grand nombre de Bédouins étaient rassemblés sur la côte, toutes les dispositions furent arrêtées pour opérer la descente le lendemain.

Le 14, à la pointe du jour, la flotte était en bataille dans l'ordre suivant : 1re ligne, 2e escadre, ayant à bord la 1re division des troupes — 2e ligne : 1re escadre, ayant la 2e division — 3e et 4e ligne : la réserve. Les bricks l'*Actéon* et la *Badine*, et la corvette la *Bayonnaise* étaient embossés en face de la tour de Torretta-Chika qu'ils avaient ordre de battre en brèche ; les bateaux à vapeur le *Sphinx*, le *Nageur* et le *Rapide* étaient de l'autre côté occupés à détruire quelques fortifications. Dans l'espace de 4 heures, toutes ces fortifications ont été démolies ; le convoi et l'escadre étaient à droite entre la terre et la flotte,

A 4 heures du matin, par un tems calme et magnifique, la 1re division des troupes a été mise sur les bateaux qui devaient la transporter à terre; à 6 heures elle était en bataille sur la plage, la 1re brigade en tête. La 1re embarcation avait à peine touché le rivage, qu'un matelot s'est élancé vers le fort principal de Torretta-Chika, où il a planté le drapeau blanc. Ce trait de courage a été applaudi par les cris de VIVE LE ROI! Le général en chef a débarqué avec les premières troupes. Cette opération s'est faite avec le plus grand ordre.

Les voltigeurs du 3e de ligne, et des 2e et 4e légers se sont de suite emparés de 3 ou 4 batteries, et de la 1re position des ennemis, malgré la vive résistance que ceux-ci opposaient. Nos jeunes soldats ont fait des prodiges de valeur; deux voltigeurs se sont rendus maîtres d'une batterie de deux pièces de canon, et ont ramené prisonniers les hommes qui les servaient; d'autres batteries ont été enlevées à la bayonnette. Quelques compagnies emportées par leur ardeur, poursuivaient un corps considérable de cavalerie; elles s'étaient trop avancées; les ennemis voyant le petit nombre des nôtres ont fondu sur eux; mais ils ont été forcés de lâcher prise par la bonne contenance des voltigeurs.

A 7 heures du matin l'artillerie de l'ennemi et ses fortifications étaient au pouvoir des Français. A mesure qu'une division débarquait les autres s'emparaient de la seconde position.

M. de Bourmont, commandant en chef, a failli être victime de son courage; il était placé, avec trois généraux, sur une éminence, au moment où un boulet, tombé à ses pieds, l'a couvert de poussière. Sans considérer le danger qu'il venait de courir, il a continué de prendre des notes sur les positions que les ennemis occupaient, et a ordonné sur-le-champ à son état-major d'enlever les plumets qui servaient de point de mire à l'ennemi.

Il est 8 heures. L'armée est en marche pour suivre ses succès éclatans : on entend encore le bruit de la fusillade dans l'intérieur des terres. Le premier triomphe remporté par nos troupes assure à la France la conquête d'Alger.

Nous n'avons perdu qu'une trentaine d'hommes, et nous avons 100 blessés. L'ennemi a eu au moins 2,000 hommes morts et autant mis hors de combat.

Le résultat de cette journée a rendu les Français maîtres de 2 drapeaux, 2 obusiers, 14 pièces de canon et 900 prisonniers.

DÉPÊCHE *du* 17.

» Monsieur l'Amiral Duperré écrit, en date de Sidi-Ferruch, le 17 juin courant, que l'armée occupe toujours les mêmes positions, qu'elle se retranche dans la presqu'île de Torretta-Chika.»

» Il y a eu quelques escarmouches avec la cavalerie Arabe, qui a été repoussée.

DÉPÊCHE *du* 19.

» L'ennemi renforcé d'un corps d'infanterie Turque, a attaqué nos lignes ce matin, il a été repoussé, poursuivi, chassé de ses positions. Il a perdu artillerie, chameaux, tentes, vivres, etc.

» Nos troupes victorieuses occupent les positions de l'ennemi.

DÉTAILS DE CETTE AFFAIRE.

A quatre heures du matin, nos troupes ont été attaquées par les forces réunies de l'ennemi au nombre de 30 à 35,000 hommes, le combat est bientôt devenu général sur toute la ligne. Repoussés sur tous les points par l'élan de nos troupes, les algériens ont été forcés de battre en retraite, et ils ont été refoulés jusques dans leur camp retranché. Là un combat des plus opiniâtres s'est engagé. Le feu était bien nourri de part et d'autre, et l'artillerie qui aurait pu lui donner de l'avantage, n'a pas ralenti l'ardeur de nos soldats ; ils se sont précipités dans les retranchemens et sont restés maîtres de cette formidable position que l'ennemi a été forcé d'abandonner.

Nous avons trouvé dans le camp une immense quantité de tentes et des provisions de toute espèce, huit pièces de canon et deux mortiers, seule artillerie qui fut au pouvoir de l'ennemi, des marmittes pleines, caisses militaires contenant 60,000 francs en or, 200 chameaux et de 400 à 500 moutons.

Le 37ᵉ régiment a tourné le camp ennemi dans cette attaque ; nos voltigeurs, suivis de divers régimens marchant en colonne serrée, ont pris à la bayonnette toute l'artillerie.

Cette affaire mémorable nous rend maîtres d'une plaine superbe et riche en pommes de terre, fruits, blé et maï.

On doit aux dispositions savantes du général en chef de n'avoir à regretter que la perte de 3o hommes tués et d'environ 4oo blessés.

Encore peu de jours et nos braves seront sous les murs d'Alger.

On croit que le Général en chef a le projet de passer deux jours sur la position qu'il vient d'enlever à l'ennemi.

75 bâtimens chargés des chevaux de l'armée venaient de mouiller. On était occupé à les débarquer.

DÉPÊCHE DE M. DE BOURMONT.

Nous venons, à l'instant, d'attaquer l'ennemi dans son camp ; sa défaite a été complète. Nous nous sommes emparés de 8 pièces de campagne, de 4oo tentes dressées, d'un grand nombre de chameaux, de troupeaux de moutons et des vivres de toute espèce. L'armée ennemie était composée en grande partie de milices de Constantine et des autres provinces d'Alger.

Nous venons de prendre position au camp de Saloueki. Cette victoire a électrisé nos troupes.

ÉTAT MAJOR GÉNÉRAL.

Hier 18, l'ennemi établit des batteries en avant de son camp. Un arabe déserteur avait annoncé le soir que nos postes seraient attaqués aujourd'hui à la pointe du jour. Les batteries ennemies commencèrent leur feu, et une attaque générale fut faite sur toute notre ligne avec beaucoup de vigueur et d'audace. Plusieurs entrèrent dans nos retranchements, où ils furent tués.

Cette attaque fut repoussée. Les tirailleurs ayant suivi l'ennemi dans sa retraite, on se vit forcé de les faire soutenir, et nos troupes gagnèrent du terrain. Le général en

chef jugea qu'il fallait profiter de leur ardeur pour attaquer les batteries et le camp. Les ordres furent donnés en
conséquence et toute la ligne se porta en avant. L'ennemi plia sur tous les points ; les batteries furent emportées;
elles étaient armées de huit pièces en bronze.

Le camp tomba en notre pouvoir. On y trouva quatre
cents tentes dressées , des magasins de vivres, des munitions de guerre, des troupeaux de chameaux et de moutons, etc.

L'ennemi s'est retiré vers Alger dans le plus grand
désordre. Il paraît que les Beys de Constantine, d'Oran ,
de Tittéry et l'aga d'Alger se trouvaient sur le champ
de bataille,

Les Arabes combattant sans ordre , il est difficile
d'évaluer leur nombre. Nous avons eu 3 à 400 hommes
tués ou blessés : parmi ces derniers se trouvent 7 officiers;
beaucoup de blessures sont peu dangereuses. Pas un
homme n'a été atteint par le boulet de l'ennemi.

ORDRE DU JOUR.

Au Quartier général de Sidi-Ferruch , le 14 juin 1830.

Les troupes de l'armée d'expédition , dans les journées
du 14 et du 19 juin, ont répondu à l'attente du Roi, et
déjà elles ont vengé l'insulte faite au pavillon français.

La milice turque avait cru qu'il était aussi facile de
nous vaincre que de nous outrager. Une entière défaite
l'a désabusée , et c'est désormais dans l'enceinte d'Alger
que nous aurons à la combattre : déjà beaucoup d'Arabes
retournent dans leurs foyers d'où la terreur les avait
seule arrachés. Bientôt ils reviendront pour nous vendre
leurs troupeaux et porter l'abondance dans nos camps.
Le général en chef rappelle à l'armée qu'ils doivent y
trouver un accueil amical, et que tous les marchés conclus avec eux doivent être exécutés consciencieusement.

Les troupes de toutes les armes ont rivalisé de dévoue-
ment; l'administration, par la sagesse de ses dispositions
et par les soins qu'elle donne aux blessés, a aussi droit à
des éloges.

Le général en chef fera valoir, auprès du Gouvernement
les services de tous. Il réclamera les bontés du Roi pour
ceux qui s'en seront rendus les plus dignes.

Toutes les fois que l'Armée a combattu, le feu des bâtimens du Roi a appuyé ses manœuvres et a puissamment contribué aux succès que nous avons obtenus.

Le lieutenant-général, Pair de France, commandant en chef l'armée d'expédition d'Afrique,

Signé : Comte de BOURMONT.

Pour copie conforme :

Le lieutenant-général chef d'État-Major de l'Armée.

Signé : DESPREZ.

Dépêche Télégraphique.

Toulon, 29 Juin.

Le Préfet Maritime à Monsieur le Commissaire de marine à Marseille.

L'amiral Duperré m'écrit en date de Sidi-Ferruch, le 26 juin, que depuis deux jours l'armée a eu des affaires partielles avec plusieurs corps de cavalerie Arabe et de l'infanterie Turque, que l'armée a gagné du terrain. Il pense qu'elle a dû s'établir le 26, sous le fort l'Empereur.

Signé : Jules de MARTINENQ.

DÉTAILS SUR CETTE AFFAIRE.

Dans la journée du 26, le fort l'Empereur devait être attaqué, mais les difficultés du terrain n'ont pas permis à l'armée de continuer sa marche, on ne trouve nulle trace des chemins indiqués sur la carte du capitaine Boutin. L'artillerie de siége et de campagne ne peut pas pénétrer avant que le génie militaire n'ait fait exécuter un chemin praticable. On a la certitude que l'ardeur de notre Armée et la science de nos ingénieurs parviendront à vaincre dans moins de quatre jours les difficultés et les obstacles.

Les Turcs ont élevé en avant du château l'Empereur des fortifications qui ne pourront résister long-tems à notre artillerie.

Le siége du château l'Empereur se fait depuis le 27 avec beaucoup d'acharnement de part et d'autre. Les dispositions du général en chef de l'armée française sont telles qu'il est impossible de douter un instant de la victoire. Les algériens se défendent en désespérés. L'atrocité du Dey, qui a fait décapiter tous les membres de son divan, n'a inspiré qu'une terreur momentanée. Le plus grand désordre règne dans la ville ; chaque jour voit éclater une insurrection. On n'espère pas néanmoins que le Dey consente à se rendre.

Nos soldats seraient mécontens, si les portes leur étaient ouvertes. Ils brûlent d'entrer dans la ville en triomphateurs. Dans les différentes escarmouches, des officiers de la milice turque se poignardent pour ne pas être faits prisonniers : d'autres se jettent aux genoux des Français, et chose étonnante, demandent la vie en fesant le signe de la croix. Tout contribue à maintenir nos troupes dans une ardeur inconcevable. Avant peu, Alger sera pris ; le pavillon français flottera sur ses tours. Cette victoire sera annoncée par le premier bâtiment pavoisé qui arrivera au port de Toulon.

Depuis quelques jours nous sommes campés ici à côté d'un fort que nous avons construit entre Torretta-Chika et Alger. Nous y sommes à postes fixes. Le 3me. corps est chargé du siége et nous de l'escorte des convois qui seraient arrêtés par les Bédouins inondant les montagnes, et qui ne craignent que le canon.

Nous n'avons à regretter dans l'affaire du 26, par suite des fusillades, que quelques morts et une quarantaine de blessés ; ceux-ci sont évacués sur l'hôpital de Mahon le nombre n'en est pas considérable, et plusienrs d'entre eux réjoindront bientôt leurs corps respectifs.

Un arabe vêtu de haillons s'est présenté hier au quartier-général. Arrivé aux avant-postes il n'a obtenu qu'avec peine la faculté d'être introduit auprès du général en chef. Là il s'est fait connaître comme chef d'une tribu puissante. Il a demandé à M. de Bourmont s'il était vrai que notre armée venait pour réduire le pays dans l'esclavage et détruire la religion mahométane. Le général a fait répondre qu'il venait pour les soustraire au joug humiliant des Turcs et les rendre à la liberté. A cette réponse, le Shéik arabe a fait sa soumission et a offert ses services qu'on a pas cru devoir accepter pour le moment. On l'a remercié en lui offrant de le faire escorter pour rentrer chez lui; on dit qu'il a refusé, mais que, sur sa demande, il a été transporté par un bâtiment du roi sur un autre point de la côte rapproché des lieux habités par sa tribu.

Hier 27, un soldat tomba blessé d'une balle; sa femme qui était à ses côtés, s'empara de son fusil, de ses cartouches et tua de ses mains trois Arabes et deux femmes. Une autre vivandière s'est battue comme le soldat le plus intrépide; elle reçut 5 coups de feu à la cuisse qui ont nécessité l'amputation. Ces deux femmes, vraiment extraordinaires, ont reçu chacune, de la main de M. de Bourmont, la décoration de la Légion d'honneur. Nos avant-postes sont situés à deux cents pas du fort 'Empereur.

Dépêche Télégraphique.

Toulon , le 6 juillet.

L'amiral Duperré m'écrit de Sidi - Ferruch à la date du 29 juin, à 9 heures du soir, que nous sommes maîtres des hauteurs qui dominent le fort de l'Empereur et que nous avons pris 25 pièces de siége.

Du 30 au matin.

Les nouvelles d'hier se sont confirmées. Nous commençons aujourd'hui l'investissement et les travaux d'attaque du fort l'Empereur.

Les consuls étrangers sont à la Vigie avec une garde française et une garde turque. Ils disent qu'il y a un grand désordre à Alger.

CORRESPONDANCE PARTICULIÈRE DE L'ARMÉE DE TERRE.

Sidi-Kaleh, le 28 juin 183).

Après l'affaire du 19 , notre armée s'était fortifiée dans le camp de Staloueli : les Bédouins venaient fréquemment visiter nos soldats et leur apportaient des provisions fra'ches : des marchés avaient été conclus par suite desquels nos fournisseurs recevaient des vivres de toute nature et payaient comptant. Plusieurs arabes passaient des heures entières dans notre camp et se plaisaient à voir travailler nos soldats : ils admiraient surtout les ouvrages qui se fesaient aux deux extrémités ; ils ne pouvaient pas concevoir que dans 24 heures nous eussions rendu inexpugnables des positions qui étaient ouvertes au moment où ils les avaient abandonnées,

Le 23 , ce camp que nous avions bien retranché fut néanmoins attaqué, mais il ne fut pas surpris : la surveillance était trop rigoureuse , et les Turcs furent vivement repoussés avec des pertes extraordinaires. Dans cette attaque il n'y avait presque que des Turcs et des cavaliers arabes : les Bédouins des montagnes que nous avions combattus le 19 , ne se trouvaient plus à l'affaire du 23 , ce qui nous fit croire que les menaces de leurs oppresseurs étaient la seule cause qui les avait forcés à prendre les armes contre nous. On peut même se convaincre de cette vérité , que ces gens-là saisiront la première occasion favorable pour faire cause commune avec les Français.

Le 24 , la milice turque et les Maures se présentèrent encore en plus grand nombre: (on voyait peu de Bédouins), ils furent encore repoussés avec perte : les régimens d'avant-garde les poursuivirent ; ils leur disputèrent le terrain pas à pas jusque sur un plateau fesant face à une montagne , au pied de laquelle est adossée la ville d'Alger.

Trois de nos voltigeurs qui avaient été faits prisonniers à la bataille de Staloueli , sont rentrés ce matin. Ils racontent qu'ils ont été parfaitement traités par les chefs d'une tribu de Bédouins. Nous apprenons à l'instant que le Dey a fait trancher la tête à l'Aga qui commandait à l'affaire du 19.

Un convoi chargé des effets du général Achard , a été attaqué dans la journée ; il a été heureusement délivré par les compagnies qui l'escortaient.

Du 26. Nous nous portons en avant, nous sommes déjà sous les murs du fort l'Empereur ; mais nous ne pourrons l'attaquer que lorsque nous serons pourvus de l'artillerie nécessaire, qu'on nous dit être débarquée. En attendant , nous tâcherons de nous emparer de quelques hauteurs dominant Alger, ou de nous établir de manière à ce que les opérations du siége commencent aussitôt que le matériel arrivera

Depuis que nous sommes paisibles possesseurs de la rivière de Staloueli , l'armée a de l'eau , tandis que les ennemis en manquent. C'est un objet de première nécessité dans un pays ou le soleil est brûlant. Sous un climat où les chaleurs de l'été tarissaient les sources , l'armée navale doit prendre des mesures pour nous approvisionner d'eau.

— Tout va bien, mon ami, nos soldats font des prodiges, pas
tu plainte ne leur est échappée, ils ne désirent qu'une chose. se
battre. Nous avons vu passer huit pièces de siége conduite par un
détachement de grenadiers et de voltigeurs, elles suivent une mau-
vaise route qui va jusqu'à une lieue et demie des hauteurs d'Alger ;
le génie fait tous ses efforts pour le rendre praticable, je pense
que les premières opérations de l'armée commenceront par l'attaque
de ces monticules où nous nous établirons pour battre en brèche le
fort l'Empereur. L'ennemi n'ayant aucune idée de la tactique
militaire il sera facile de tourner ces mamelons et de nous en emparer sans beaucoup de perte. Peut-être même notre brigade actuelle-
ment placée un peu en arrière pour observer un corps de Bédouins
qui pourrait inquiéter le passage de l'artillerie, fera un mouvement
en avant et sera destinée à soutenir l'attaque, c'est ce que nous
souhaitons tous. La consigne est très-sévère ici : il est défendu, sous
quelque prétexte que ce soit, de s'éloigner du corps, parce que
les Bédouins rôdent la nuit sans cesse autour de nous. Ils se cachent
derrière la bruyère qui s'élève très-haut et tiraillent toujours. De
nombreuses patrouilles circulent autour du bivouac, nous sommes
toujours sur le qui-vive. le service très-actif est nécessaire ;
nous devons nous tenir sur nos gardes et être prêts à repousser
les attaques inopinées de ces bandes irrégulières d'Arabes qui par-
courent le pays.

Du 30 juin. — L'armée s'est emparée, le 29 des hauteurs qui
dominent le fort l'Empereur où l'ennemi avait placé son camp.
24 pièces de canon sont tombées en notre pouvoir; les résultats de
cette journée sont immenses. Les positions que l'armée occupe
assurent la prise du fort, dont l'attaque a commencé le même jour.
On ne doute pas qu'il ne soit pris ; car la cannonade est très-vive
aujourd'hui.

L'aga du bey de Constantine, commandant en chef le contingent
de cette province, et le bey de Tittéri, ont été tués dans cette
journée.

M. de Bourmont avait estimé qu'il fallait trois jours pour s'emparer de cette position qui a été enlevée d'emblée.

Le bombardement du fort l'Empereur et de la ville d'Alger
se poursuit avec une activité inconcevable:l'escadre armée en guerre
est embossée dans la baie d'Alger pour agir simultanément avec l'armée
de terre. Cette attaque vigoureuse a occasionné une émeute; le plus
grand désordre règne dans la ville ; les consuls étrangers se sont
retirés à l'observatoire où ils sont protégés par une garde turque
et anglaise.

On croit que dans deux jours nous serons maîtres du fort l'Empereur. Notre artillerie couronne les hauteurs qui le dominent.

On ne connait pas encore les pertes que nous pouvons avoir
éprouvées. mais elles ne sont pas considérables.

L'ennemi a eu 1800 hommes hors de combat et nous avons fait
1600 prisonniers.

Les Turcs sont irrités de la clémence dont nous usons envers les
prisonniers. Ils craignent que cette conduite ne nous gagne l'amitié
des Maures et des Arabes et les porte à faire défection.

ARMÉE DE MER.

Baie de Sidi-Ferruch , le 25 juin 1830.

Déjà deux équipages de ligne formant ensemble 2400 hommes
sont commis à la garde du camp qui est fortement retranché ; mais
dans la crainte d'une surprise. attendu que notre commandant est
averti qu'on devait l'attaquer sans pouvoir préciser le jour, M. Hugon
a cru agir avec prudence en demandant à l'amiral Duperré de former
un troisième équipage et de le lui faire débarquer avant la nuit. Le
vent est si fort et la mer si houleuse , qu'on ne pourra exécuter ce
projet que demain.

On nous dit à l'instant qu'on va faire prendre la moitié de la réserve à Toulon ; voici dans quel but : un parti de milice turque et arabe
a fait un demi tour et s'est placé entre nos deux camps , il ne peut
rien tenter ni sur l'un ni sur l'autre parce que nous sommes en mesure de le recevoir, et au besoin, de le refouler dans ses montagnes,
mais il entrave nos communications de sorte que nous sommes obligés
d'envoyer de forts détachemens pour éviter que nos convois soient
enlevés. Le camp de l'armée en fait autant, de telle manière que nos
relations quoique moins fréquentes ont lieu cependant une fois par
jour.

Il y a un ordre rigoureux pour empêcher l'isolement des hommes,
quelques uns de nos marins n'ayant pas voulu écouter la voix de la
raison ont été victimes de leur imprudence.

Du 28 juin. Le 25, le convoi chargé des chevaux du train et de
notre artillerie de siége a mouillé sur cette rade. On a procédé au
débarquement de ces objets qu'on a été obligé d'ajourner jusqu'au
26, à cause du vent qui a régné pendant toute la journée et de la
grosse mer que nous avions. Le 27 seulement, 800 chevaux ont été
mis à terre ainsi que 40 pièces de siége qui sont parties ce matin sous
bonne escorte et ont été dirigées vers le fort l'Empereur. Aujour-
d'hui tout sera débarqué et demain 29, l'armée de terre aura reçu tout
ce qui est nécessaire pour foudroyer le fort et la ville.

Nous attendons avec la plus vive impatience la journée du 30 et
celle du 1er juillet, parce que nous avons l'espoir qu'elles seront
décisives pour nos armes et que le château l'Empereur sera en
notre pouvoir. Alger ne pourra résister plus long-tems, et il est
probable que le parti, qui penche pour la paix l'emportera, ce qui
peut épargner beaucoup de sang et de fatigues.

Le Bey de Tunis a expédié deux bâtimens sur l'un des quels se
trouvait un de ses grands officiers auprès de M. Duperré , pour lui
offrir de lui fournir des vivres , une relâche dans les ports aux
bâtimens de son escadre qui en auraient besoin , et généralement
tout ce qui pourrait être en son pouvoir. Les pièces de siége viennent
d'arriver. Les journées du 29 et du 30 juin seront employées à
tourner le fort l'Empereur, de manière à ce que l'artillerie
puisse couronner les hauteurs qui le dominent. Le 1er juillet, les
opérations de siége commenceront.

— Le jeune Amédée de Bourmont, officier ' tat-Major, attaché
au 49me régiment de ligne, avait été chargé de porter une ordon-
nance au quartier-général ; traversant un ravin pour éviter de suivre

le détour immense d'une colline, il arrive sur le sommet, et là, une balle meurtrière l'atteint à la poitrine Malgré cette blessure, il déchire sa chemise, étanche son sang qui coulait en abondance, prend le galop et achève sa mission, en même tems qu'il perd connaissance. On le soutient, on le transporte à l'ambulance, où il reçoit des officiers de Santé les plus distingués tous les soins que réclame sa position.

Après avoir reçu sa blessure, il fut porté entre les bras de son père, et lui dit : *Consolez-vous mon père, je meurs pour mon pays et pour mon Roi; Vive la France !*

Il serait à regretter que cet officier, dont le début dans la carrière militaire est marqué par des traits les plus honorables, perdit ainsi la vie à la fleur de son âge, et privât ainsi la France d'un brave défenseur.

NOMS des naufragés du Sylène *et* l'Aventure*, que le* Sphinx *a eu le bonheur de conduire à bord du vaisseau* Amiral.

Brick le *Sylène.*

Bruat, commandant.
Barnel (Joseph-Marie), enseigne auxiliaire.
Bonnard Louis-Adolphe, élève de 1re classe.
Cossade Charles Paul   idem.
Cavillier François, maître.
Guérin Louis, idem.
Leroux Julien, idem.
Boyer Antoine quartier-maître.
Baron Claude Marie idem.
Salierry Benoît idem.
Cauvin Antoine idem.
Brassen Jacques idem.
Baron Jacques matelot de 1re classe.
Gourron Mathurin, idem.
Evrand Benjamin, idem.
Clément Mase, matelot de 2me classe.
Pierrugues Jean-Joseph, idem.
Bedes Pierre-Marie, idem.
Gaubert Jean Marie, idem.
Poudroux Guillaume, idem.
Guittard Honoré matelot de 3me classe.
Graisse Jean idem.
Plantier Philippe, idem,
Palamoide Guillaude, idem.
Noël Auguste, idem,
Daumerque Philippe, idem.
Jouve Isidore, idem.
David François, idem.
Blanchet Jean François, idem.
Lasalgue Jean idem.
Piquet Claude, idem.

Humel Jean-Baptiste,   idem.
Longo Dominique.   idem.
Tamier Jean-Claude,   idem.

Tron Jean-Baptiste,   idem.
Laurent François,   idem.
Borriés Jean,   idem,
Crotas Joseph,   idem.
Witmer Antoine,   idem.
Constantin Benoît   idem.
Siméons Joseph,   idem.
Fouquet Jean.   idem.
Teissier Antoine,   idem.
Legrille Jean-Ollivier,   mousse.
Fort Siméon, domestique.

Brick l'*Aventure*.

D'Assigny, commandant.
Tronde, Onezine, enseigne de
Tissier, Léon, matel. de 3me cl.
Gallan, Guillaume   idem.
Garlet, Pierre, quartier-maître.
Pieron, Hippolite Brutus, idem.
Avon Antoine,   idem.
Duchamp, Pierre,   idem.
Rapon Paul, matelot de 1re cla.
Cabane Pierre Lacroix, magasinier.
Gouvanoni, Charles, matelot 2me, classe.
Rister George,   idem.
Masse, Pierre,   idem.
Roucord Claude,   idem.
Ganse, Pierre,   idem.
Targes, Jacques,   idem.
Gallan, Jacques,   idem.
Abadie, Pierre,   idem.
Rollan, Étienne,   apprenti marin
Roiselez Jean Pierre,   idem.
Tisvin Vincent,   idem.
Brossard Claude,   idem.
Martin Bertrand   idem.
Briot Julien Nicolas,   idem.
Hascact Jph,-Mrie.   idem,
Garis Louis   idem.
Tissiare, Noël,   idem.
Daniel, André,   maître.
Aronraet, Siméon,   idem.

Le Sphinx nous fait connaître quelques détails particuliers que nous nous empressons de raconter. Dans la journée du 30 juin qui a porté un coup mortel à la puissance du Dey, les barbares fortement retranchés dans le camp qui dominait le fort l'Empereur, avaient amené avec eux une centaine de femmes auxquelles ils voulaient procurer le plaisir de voir la punition qu'ils réservaient aux

Français. Ces femmes avaient apporté diverses provisions, c'était pour elles un jour de fête ; mais cette fois comme les autres leurs coupables espérances furent trompées. Nos braves firent main basse sur cette horde, ils respectèrent néanmoins les dames algériennes qu'ils renvoyèrent sous bonne escorte.

Dans la même journée un soldat se laisse surprendre par trois cavaliers arabes : l'un d'eux le prend par les cheveux au moment où l'autre tire son damas pour lui trancher la tête ; c'en était fait du pauvre français une minute plus tard ; mais s'apercevant que le briquet est encore en sa puissance, et par un mouvement aussi prompt que l'éclair, il le tire de son fourreau, poignarde le barbare qui le retenait par les cheveux, disperse les autres, monte sur le cheval du vaincu et arrive à son poste à toute bride.

Copie d'une lettre écrite par M. le Préfet maritime à M. le Maire de la ville de Toulon.

J'apprends à l'instant, que le 5 juillet, à midi, la ville d'Alger s'est rendue à discrétion, et qu'à 2 heures le pavillon du Roi flottait sur le palais du Dey.

1500 pièces d'artillerie en bronze, les arsenaux de la guerre et de la marine, approvisionnés d'armes et de munitions, sont tombés en notre pouvoir dans cette journée mémorable.

Tous nos prisonniers naufragés ont été sauvés.

Signé : JULES DE MARTINENQ.

***

COPIE d'un Rapport adressé à M. le Commissaire général de la Marine à Toulon, et communiqué à M. Bleschamp, Commissaire Chef maritime à Marseille.

Plus de 2000 marins du corps royal des équipages de ligne ayant été débarqués pour défendre le camp de Torretta-Chicka, ainsi que le matériel de réserve et les magasins de l'armée de terre, cette armée peut disposer de toutes les forces, et continuer à voler de succès en succès, contre un ennemi acharné que recrutait sans cesse l'arrivée de nouvelles hordes de barbares conduites par l'amour du pillage, ou excitées par un fanatisme aveugle.

Mais déjà leur dernière, leur importante position, (celle qui domine le fort l'Empereur) quoique défendue par 25 pièces d'artillerie de gros calibre, leur est enlevée avec l'intrépidité qui distingue les armées françaises. Le bombardement du fort l'Empereur, ce palladium d'Alger par terre, commence presque aussitôt que l'on est établi dans cette position. Ce bombardement est dirigé avec toute l'habileté que l'on connaît au brave général Lahitte : le succès en est assuré, mais il est plus prompt que l'on ne pouvait l'espérer ; le 4

juillet à dix heures du matin , une bombe heureusement lancée ,
atteint une poudrière et occasionne dans ce fort une explosion subite
et terrible ; une partie des ouvrages intérieurs et extérieurs saute en
l'air , l'ennemi évacue précipitamment , et va porter le désordre et
l'épouvante jusques dans la ville.

Dès ce moment, Alger assailli de tout côté par l'armée de terre et
par l'armée navale , ne peut continuer à résister qu'en occasionnant
sa prompte destruction. Une juste terreur s'empare de tous les esprits
le Dey est forcé d'envoyer dans la soirée son amiral parlementaire
auprès de M. l'amiral Duperré , à bord du vaisseau la Provence , et
d'écrire à M. le général de Bourmont , au quartier-général : Sidi-Algi
est reçu avec les honneurs et les égards dûs à son rang , mais il est
immédiatement renvoyé pour sommer son maitre de se rendre à discrétion et de s'en remettre à la générosité du vainqueur qu'il a offen-
sé : et le 5 juillet à midi , la capitulation est signée.

Une heure et demie après , le pavillon français flotte sur le palais
du Dey et sur toutes les forteresses d'Alger.

Aux cris de *Vive le Roi de France!* et au bruit d'une salve générale
d'artillerie , on voit tomber les fers qui tiennent indignement accou-
plés quatre-vingt-neuf Officiers et Marins échappés à l'horrible mas-
sacre des malheureux naufragés des bricks de S. M. *le Sylène* et *l'A-
venture* ; ceux dont sont également chargés une trentaine de marins
du commerce français et quelques Grecs, qui gémissaient dans l'esclavage depuis sept ans, tombent aussi dans le même moment , et sont
couverts de larmes excitées par la plus vive reconnaissance.

Hussein-Dey a cessé de régner ; il évacue un palais duquel il n'avait
pas osé sortir depuis quatorze ans : il rentre dans la classe des simples
particuliers , et reste libre d'habiter son ancienne ville , ou de se
retirer en Angleterre ou en France.

Le gouvernement Turc est aboli dans ses États.

Le libre exercice des cultes y est établi.

Le respect pour les femmes et pour les propriétés particulières ,
même celles de l'ex-Dey, y est garanti.

1500 pièces d'artillerie en bronze ,

Plus de trente bâtimens , tels que frégates , corsaires , chalou-
pes-canonnières , tant à flot qu'en chantiers ,

Les arsenaux de la guerre et de la marine approvisionnés d'armes et de munitions ,

Et cent cinquante millions de francs , tombent en notre pouvoir
dans cette journée à jamais mémorable.

L'ordre le plus parfait règne dès ce moment partout.

Par les divers combats qu'elles ont livrés sur les élémens qui leur
sont propres , les armées de terre et de mer se sont couvertes d'une
gloire ineffaçable ; dans 23 jours seulement, elles ont rempli, si
elles n'ont pas surpassé, l'attente du Roi et de la Patrie.

Un brick Tunisien, un brick Espagnol, un brick et une corvette
Anglais , ont été spectateurs et témoins de ce glorieux événement
dont les détails me sont inconnus, le Sphynx ayant été expédié le 6
juillet à 7 heures du soir, pour porter la nouvelle qu'en donnent au
roi MM. l'amiral et le général.

— On rapporte que M. de Bourmont s'est présenté le premier
au palais du Dey, qui l'a reçu avec assurance.

« Je viens vous demander un appartement, a dit le général en
» chef. Le Dey lui a répondu : « Général, mon palais comme la
» ville vous appartiennent, puisque vous avez été le plus fort ; vous
» pouvez en disposer à votre gré ; mais je vous demande 2 heures
» pour faire enlever les meubles qui sont ma propriété. — Prenez
» tout le tems qu'il vous faudra pour cette opération, et tous les
» objets qui vous sont nécessaires.

— Deux heures me suffisent. »

En effet, dans ce peu de tems, tous les meubles du Dey ont été
transportés dans une maison particulière, et M. de Bourmont avec
tout son état-major s'est installé dans le palais du vaincu. « Serai-je
en sûreté dans la ville, a demandé le Dey. — Oui, mais vous feriez
mieux de vous exiler en France ou en Angleterre ». (Le Dey se
promène dans l'appartement et ne répond rien.) Après un moment
de silence. Hussein a dit quelques mots qui peuvent être traduits par
ce vers : *J'ai gouverné sans peur et j'abdique sans crainte.*

***

CONVENTION *entre le Général en chef de l'Armée française et son Altesse le Dey d'Alger.*

Le fort de la Cassauba, tous les autres forts qui dépendent d'Alger et le port de cette ville , seront remis aux troupes françaises
à dix heures (heure française).

Le général en chef de l'armée française s'engage envers S. A. le
Dey d'Alger, à lui laisser la liberté et la possession de ce qui lui
appartient personnellement.

Le Dey sera libre de se retirer avec sa famille et ce qui lui appartient dans le lieu qu'il fixera ; et tant qu'il restera à Alger, il y sera
lui et toute sa famille sous la protection du général en chef de l'armée française ; une garde garantira la sûreté de sa personne et celle
de sa famille.

Le général en chef assure à tous les soldats de la milice les mêmes
avantages et la même protection.

L'exercice de la religion mahométane restera libre : la liberté des
habitans de toutes classes , leur religion , leurs propriétés , leur
commerce et leur industrie ne recevront aucune atteinte : leurs
femmes seront respectées , le général en chef en prend l'engagement
sur l'honneur.

L'échange de cette convention sera fait avant dix heures ce matin, et les troupes françaises entreront aussitôt après dans la Cassauba,
et successivement dans tous les autres forts de la ville et de la
marine.

Au camp devant Alger, le 5 juillet 1830.

Signé, C^t DE BOURMONT.

(Ici le Dey a appliqué son sceau).

Pour copie conforme.

Le lieutenant-général chef d'état-major-général,

Signé, DESPRES.

MARSEILLE. — TYPOGRAPHIE D'H. TERRASSON.